AF002126

Renate Jegodtka / Peter Luitjens

Kim, Tim-Tiger und das gefährliche Etwas

Eine Mutmach-Geschichte für traumatisierte Kinder

Mit Illustrationen von Alice Korotaeva

Vandenhoeck & Ruprecht

Darf ich vorstellen, das ist die Familie Hoppla:
Mama Hoppla   Kim Hoppla   Papa Hoppla

Kim geht schon in den Kindergarten
und weiß viel von der Welt.
Es gibt Tage, da lacht Kim viel.

Papa sagt, das sind die
Hopplahopp-Sonnenwettertage.

Es gibt Tage, an denen Kim so richtig wütet.

Mama sagt, das sind die Potzblitz-Donnerwettertage.
Einige Tage sind auch Hopplahopp-Potzblitz-
Sonnen-Donnerwettertage.

Und ich bin Tim.
Tim-Tiger. Kims Tim-Tiger.
Wir beide verstehen uns gut.
Meistens jedenfalls.

Wenn es Kim gut geht,
geht es mir auch gut.

Dann haben wir einen
Hopplahopp-Sonnenwettertag.

Wir spielen und wir toben.

Kim flüstert mir leise lustige
Lachgeschichten ins Ohr.

Doch abends im Bett,
wenn es dunkel wird
und die kleine Angst kommt,
wird Kims Mut ganz klein.

Dann erzähle ich ihm eine Geschichte.

Eine Tim-Tiger-Mut-mach-Geschichte.
Leise flüstere ich sie in sein Ohr.
Nur für ihn:

> „Es war einmal in einem
> wunderschönen
> Hopplahopp-Sonnenwetter-Land,
> da lebte ein Tigerbaby mit seiner
> Tigermama.
> Es war warm und friedlich, und es
> roch so gut …"

Aber – da schläft Kim schon.

Kim reibt sich die Augen.
Nanu? Der helle Tag ist da!

Wir springen aus dem Bett.

Zuerst Kim, dann ich.

Kim schnappt sich seinen
Hopplahopp-Sonnenwetter-Luftballon.
Der ist federleicht und wunderschön.
Er schillert in allen Farben.

Niemand kann ihn sehen. Nur Kim und ich.
Der Ballon ist immer bei uns.

So ist das.

Nur manchmal ist es anders:

Wenn Kim traurig ist zum Beispiel.
Dann umwölkt sich sein Herz,
und der Ballon ist kaum noch zu sehen.

Oder wie gestern:

Da hat Mama Hoppla entdeckt,
dass Kim seine pipi-nasse Hose
in den Kleiderschrank gestopft hat.

Kim schämt sich.

Sein Gesicht wird rot,
und der Ballon vergisst zu schillern.

Aber heute wird ein guter Tag. Bestimmt!

Jch darf mit in den Kindergarten.

Wir lachen und wir laufen um die Wette.

Kim ist schnell.

Jch bin auch schnell.

Aber der Luftballon ist noch schneller.
Er schillert und schwebt uns voraus.

Es ist ein richtiger
Hopplahopp-Sonnenwettertag.

Darf ich vorstellen,
das sind Kims allerliebste Freunde:

Die mutige Maxi.
Der laute Lucas.
Und die lustige Leyla
mit dem lila Kleid.

Es ist ein richtiger
Hopplahopp-Kindergarten-Sonnenwettertag.

Zusammen sind sie eine Bande.

Eine lustig-laute Krachmacherbande.

Sie schleichen sich leise und mutig
ins dunkle Gebüsch.

Sie klettern auf Bäume,
so hoch wie es geht.

Der Luftballon schillert
und schwebt noch höher.

Sie spielen und sie lachen.

Da flüstert mir Kim ganz leise ins Ohr:

"Komm, wir wollen uns verstecken.
Jch weiß auch schon wo!"

Wir laufen los.
Zu dem geheimen Versteck.

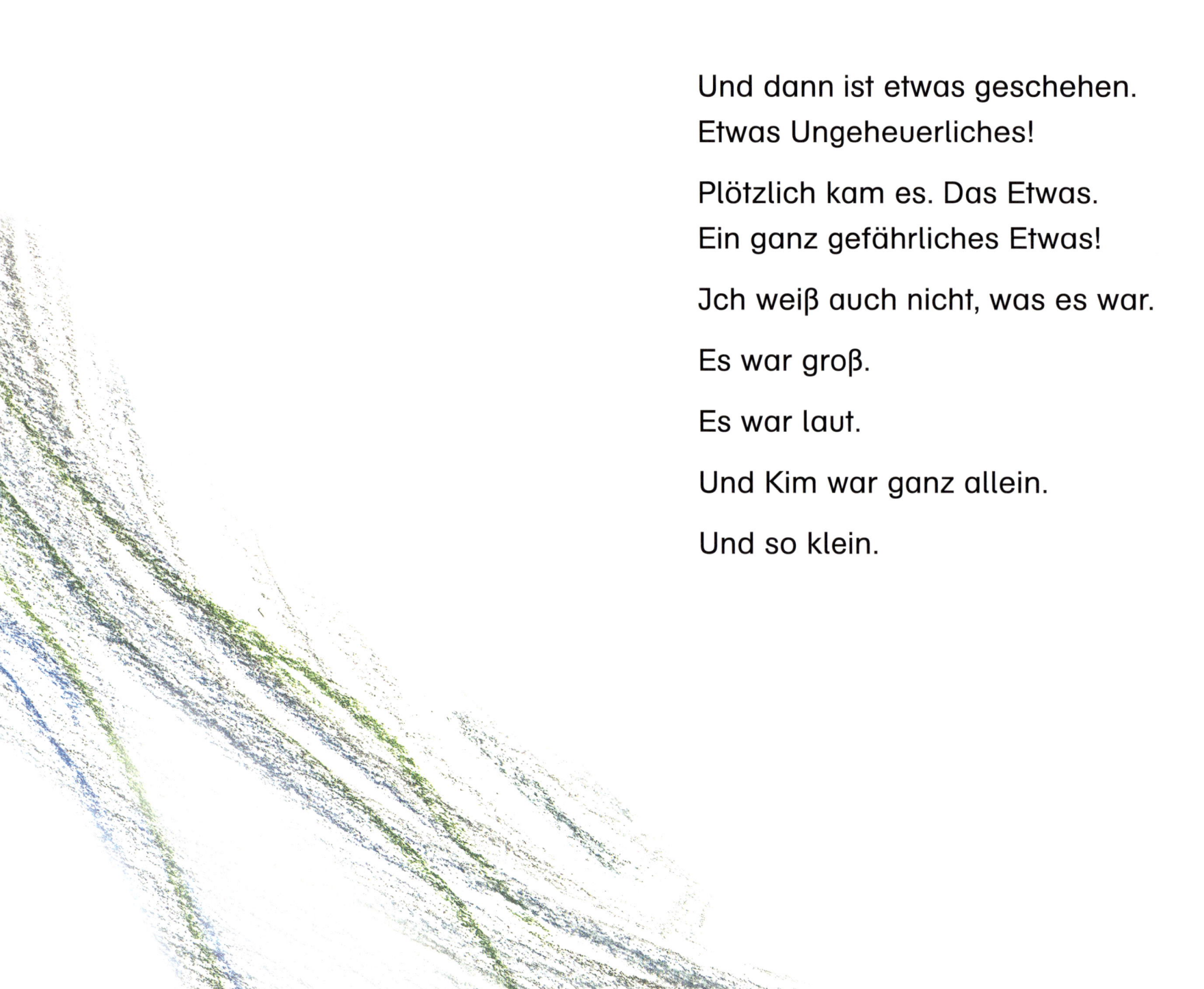

Und dann ist etwas geschehen.
Etwas Ungeheuerliches!

Plötzlich kam es. Das Etwas.
Ein ganz gefährliches Etwas!

Jch weiß auch nicht, was es war.

Es war groß.

Es war laut.

Und Kim war ganz allein.

Und so klein.

Plötzlich war es da, das gefährliche Etwas.

Kim will schreien.
Doch er bleibt stumm.

Kim will weinen.
Doch keine Träne kommt.

Die Sonne scheint warm,
aber Kim ist es kalt.

Er zittert und er friert.

Sein Herz schlägt laut –
wie eine Trommel.

BUM! BUM! BUM!

Und nun ist alles anders.

Das gefährliche Etwas hat eine große, schwarze Angst mitgebracht.

Sie streckt ihre Finger aus und tastet sich vor.

Sie berührt Familie Hoppla.

Und ganz besonders Kim.

Sie greift sogar nach dem federleichten, schillernden Luftballon.
Sodass er nicht mehr schweben mag.

Müde und schwer sinkt er herab.

Jeden Tag findet die große schwarze Angst
den kleinen Kim.

Und wenn es Nacht wird flüstert sie:

„Es gibt ein gefährliches Etwas!"

OH SCHRECK!

Die große schwarze Angst
schickt ihm unheimliche Träume.

Jn denen es eins, zwei, drei und sogar
noch mehr gefährliche Etwasse gibt.

Aber ich, ich bin Tim-Tiger! Mich kann die große, schwarze Angst nicht finden.

Jch erzähle Kim eine Geschichte.

Eine Tim-Tiger-Mut-mach-Geschichte.

Leise flüstere ich sie in sein Ohr.

„Es war einmal in einem wunderschönen Hopplahopp-Sonnenwetter-Land. Da träumte ein Tigerbaby einen besonderen Traum.

Es fand auf einer Wiese ein traum-glitzernd-schönes Etwas. Das verwandelt jeden gefährlich-bösen in einen leise klingenden Traum."

Aber, da hört Kim mich schon nicht mehr.

Er lächelt und träumt einen Mut-mach-Traum.

Am frühen Morgen, als Kim erwacht,
reibt er sich verwundert die Augen.

So ein schillernd-schöner Traum!

Jch flüstere ihm zu:

„Oh, schau mal auf deinen Luftballon!
Da ist ein kleiner, winzig-kleiner Fleck.
Der schillert und der leuchtet."

Die große schwarze Angst
ist ein wenig geschrumpft.

Aber ach!
Das gefährliche Etwas
hatte noch mehr im Gepäck.

Es ist groß.

Es ist rot.

Es hat Borsten, so spitz.

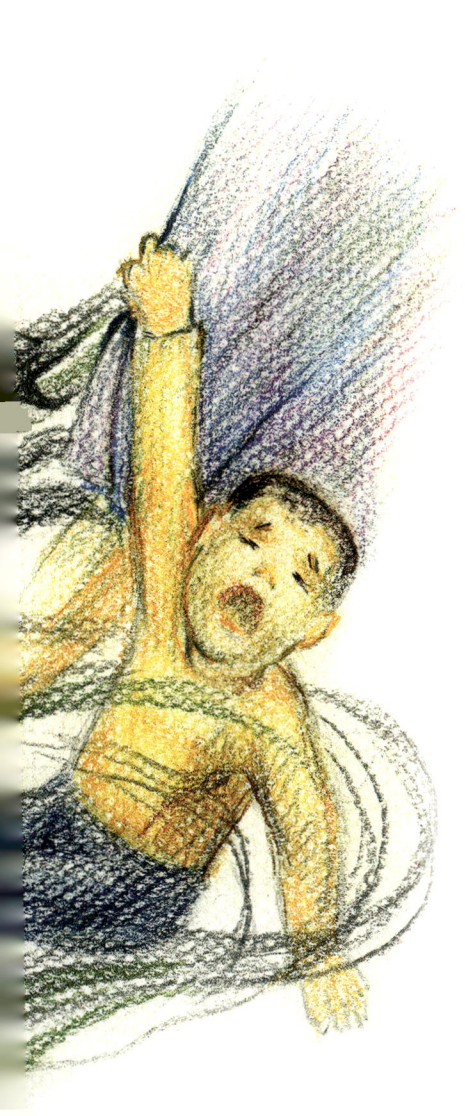

Es ist eine riesig-rote und wütende Wut.

Sie wächst im Bauch von Kim.

Wird groß und größer.

Und dann … ja, dann will sie heraus.

Plopp, da ist sie!

Sie bringt viele Tage, an denen es bei Familie Hoppla donnert und blitzt.

Oder manchmal einfach nur dunkel ist.

Die riesig-rote und wütende Wut
begleitet Kim überall hin.

Sie sorgt auch dafür, dass die mutige Maxi,
der laute Lucas und die lustige Leyla
nicht mehr Kims allerliebste Freunde sind.

So wie gestern.

Da waren sie alle Piraten.

Sie versteckten die Kiste mit dem goldenen Schatz
mit einem lauten Rums im Gebüsch.

Kim wurde ganz starr vor Schreck.

So plötzlich, so laut.

OH SCHRECK!

„Ob hinter dem Busch
ein gefährliches Etwas steckt?"

Sein Herz schlug schnell.

Sein Herz schlug laut. Wie eine Trommel.

BUM! BUM! BUM!

Jn seinem Bauch hat es gezwickt.

Ganz plötzlich war sie dann da:

Die riesig-rote Wut.

Sie wuchs im Bauch von Kim.

Sie wurde groß und größer.

Und dann … ja, dann kam sie heraus.

Plopp!

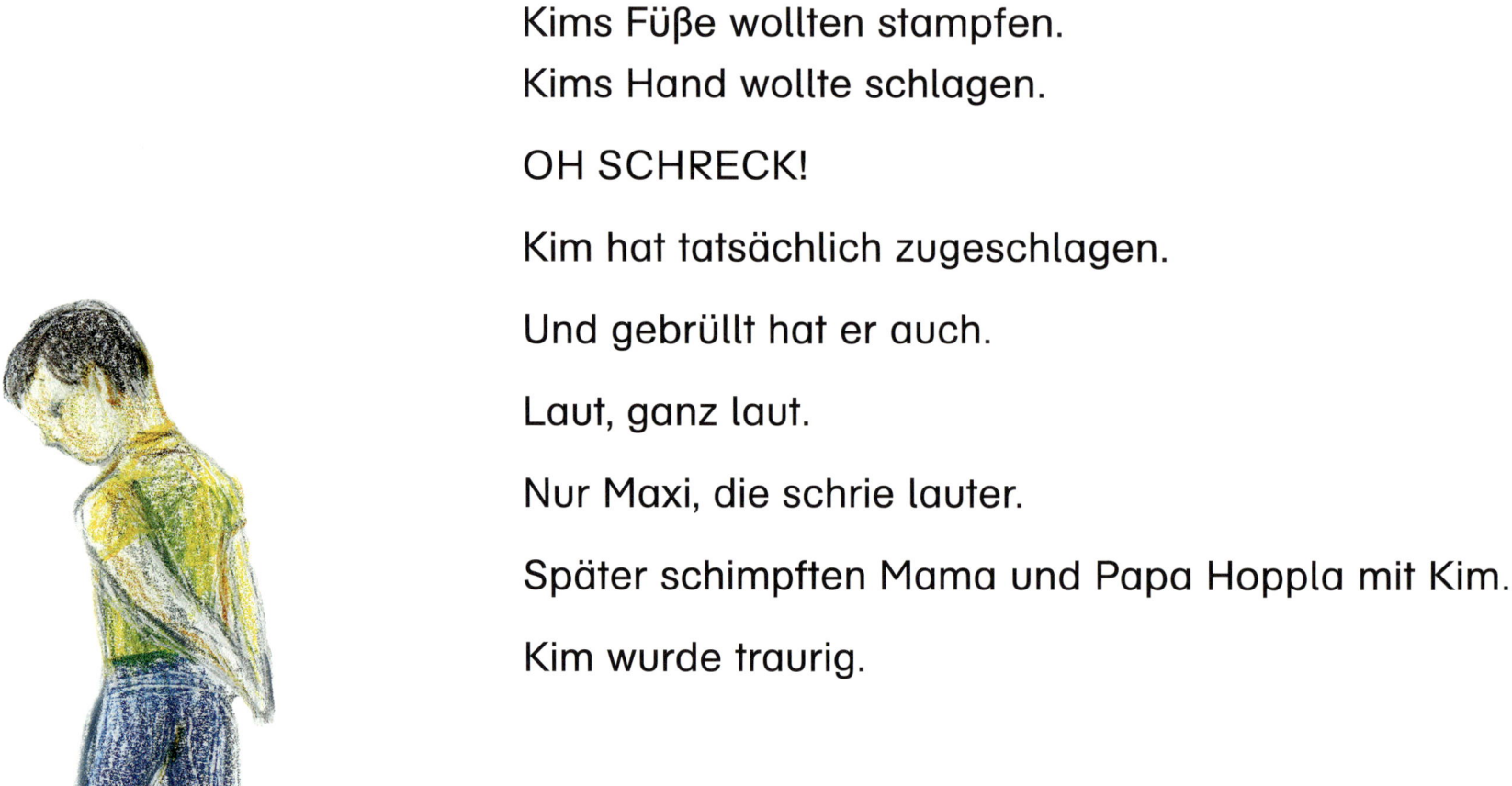

Kims Füße wollten stampfen.

Kims Hand wollte schlagen.

OH SCHRECK!

Kim hat tatsächlich zugeschlagen.

Und gebrüllt hat er auch.

Laut, ganz laut.

Nur Maxi, die schrie lauter.

Später schimpften Mama und Papa Hoppla mit Kim.

Kim wurde traurig.

Jetzt ist es Abend, ganz kurz vor der Nacht.

Da kommen sie:

Die große schwarze Angst und die riesig-rote und wütende Wut.

Sie zischeln und sie raunen:

„Es gibt ein gefährliches Etwas!
Schau dich um, es ist ganz nah bei dir.
Gleich ist es da!"

Dann werden sie lauter und rufen im Chor:

„Du bist ganz allein.
So klitze, klitzeklein!"

Kim möchte weinen.

Aber ich bin bei ihm!

Leise flüstere ich in Kims Ohr.

„Komm mit mir.
Wir gehen in den Park der wundersamen Dinge.
Schließe deine Augen, dann sind wir gleich da."

Kim kennt den Park der wundersamen Dinge.

Erst kürzlich waren wir dort.

Am Eingang sitzt Yum-Yum.

Die alte Zottelmonsterdame.

Sie ist die Hüterin der wundersamen Dinge.

Hier gibt es Dinge, die sind so wundersam,
wie du sie noch nie gesehen hast.

So wie der Hopplahopp-Sonnenwetter-Luftballon.
Der federleichte, wunderschön schillernde.

Sie schenkte ihn Kim, als er einmal nicht wusste,
ob er fröhlich oder traurig war.

Oder die unscheinbare graue Tüte.

Aus ihr duftet es so süß, dass alle Nasen, die in ihre
Nähe kommen, begeistert ihre Flügel blähen.

Yum-Yum hat schon auf Kim und mich gewartet.

„Yum-Yum Zotteldidum-Zotteldidim.
Da seid ihr ja.

Hallo Kim, ich habe gehört,
dass bei dir nichts mehr ist,
wie es einmal war?

Es ist etwas geschehen?

Etwas Ungeheuerliches?

Plötzlich kam es, das Etwas,
ein ganz gefährliches Etwas?

Und nun bekommst du oft Besuch von
der großen schwarzen Angst.

Und der riesig-roten und wütenden Wut.

Zotteldidum, Zotteldidim.

Das ist schlimm, wirklich schlimm!"

Yum-Yum beugt sich ganz nah zu Kim,
sodass sie ihn gut sehen kann.

„Zotteldidum, Zotteldidim.

Komm, wir gehen dort hinten hin.

Wo die Bäume und die Büsche
ganz dicht beieinanderstehen.

Wo der Wind die Äste und Blätter
leicht bewegt.

Wo das Moos so weich
wie ein Kissen ist.

Dort habe ich für dich
ein wundersames Ding."

Yum-Yum geht voraus,
wir folgen ihr nach.

Zwischen den Büschen und Bäumen
steh ein Sack.

Jn dem wühlt Yum-Yum nun herum.

„Wie dumm, wie dumm!
Zotteldidim, Zotteldidum.

Wo ist es nur?

Wo ist es denn geblieben?

Dieses wundersame Ding.

Jch hab es doch extra für
dich bereit gelegt."

Die alte Yum-Yum klettert kopfüber hinein in den Sack.

Sodass wir nur noch ihre Zottelmonsterfüße sehen.

Und wir hören ganz leise, wie von fern:

„Zotteldidim, Zotteldidum.
Wie dumm, wie dumm!"

Und dann verstehen wir gar nichts mehr.

Doch dann …

Ein lauter Ruf:

"Hach! Da ist es ja! Jn den hintersten Winkel ist es gekrochen. Gut, dass ich solch eine große Zottelmonsternase hab.
Da hab ich es schließlich gerochen."

Langsam, ganz langsam steigt sie wieder heraus aus dem Sack.

Die alte Zottelmonsterdame.

Zuerst ein Fuß und dann ein Bein.

Und dann: Hast du nicht gesehen?

Folgt der ganze zottelige Rest.

Jn der Hand hält Yum-Yum das wundersame Ding.

Es ist rund, es ist lang und es ist rot. Nicht klein und auch nicht groß.

Es ist ein Rohr.

Verziert und sonderbar.

Yum-Yum murmelt leise vor sich hin:

„Zotteldidim, Zotteldidum! Es ist das Rohr ‚ES WIRD EINMAL'. Wer hineinblickt, kann ein klitzeklein wenig schauen, was bald wird.

Zotteldidas-Zotteldidies.

Hopplahopp.

Und rundherum.

Jch sehe was, was du nicht siehst!"

Dann reicht sie das Rohr hinüber zu Kim.

Der dreht das wundersame Ding in seiner Hand herum. Betrachtet es von hinten und von vorn.

Langsam, ganz langsam hebt Kim die Hand mit dem Rohr. Sodass er hineinsehen kann.

Er flüstert:

> „Bäume und Büsche sehe ich. Die stehen dicht beieinander.
>
> Aber dort, was ist das?
>
> Wo das Moos so weich wie ein Kissen ist.
>
> Da stehe ja ich!"

Kim tippelt aufgeregt hin und her.

Doch plötzlich ruft er

„OH SCHRECK!!!

Jch sehe noch mehr.

Da kommt ein
RIESIG-ROT-WÜTENDES Ding.

Mit Borsten, so spitz.

Es rollt direkt auf mich zu.

Hilfe! Was nun?"

Yum-Yum legt ihre große Zottelmonsterhand auf die Schulter von Kim. Damit er sich beruhigen kann.

Sie murmelt und brummelt:

„Du schaffst das.

Zotteldidim, Zotteldidum.

Schau wieder hinein in das Rohr.

Und sieh was weiter geschieht!

Da hinten, wo der Wind
die Äste und Blätter
leicht bewegt."

Kim führt das wundersame Ding
wieder an sein Auge geschwind.

Er sieht, was bald wird.

Kim sieht, was er sieht.

Und er lauscht.

Was ist das?

Es wispert und flüstert
zwischen den Blättern im Wind.

Kim hört, was er hört.

Er hört sich sagen:

> „Hallo hier bin ich!
> Du riesig-rot-wütende Wut.
> Mach dich rund.
>
> Und mach dich klein.
>
> Das ist fein.
>
> Dann bist du mein."

Da liegt das Ding in der Hand von Kim.

„Schaut her! Jch habe die riesig-rote wütende Wut geschrumpft!

Jch habe es geschafft!

Erst war sie groß, mit Borsten, so spitz.

Dann wurde sie rund und hutzel-pickelig-klein.

Und nun liegt sie hier in meiner Hand!"

Ja, Yum-Yum ist die Hüterin
der wundersamen Dinge.

Sie wiegt ihren Kopf bedächtig hin und her.

Sie grummelt und brummelt:

„Zotteldidim, Zotteldidum!

Gib her das Rohr ‚ES WIRD EINMAL'.

Der Abschied naht.

Kim und Tim-Tiger, legt euch hierher.

Wo die Bäume und Büsche
ganz dicht beieinanderstehen.

Wo der Wind die Äste und
Blätter leicht bewegt.

Wo das Moos so weich wie ein Kissen ist.

Zotteldidies-Zotteldidas.

Hopplahopp.

Und rundherum.

Schließt eure Augen,
dann seid ihr gleich da!"

Jetzt ist es morgens,
ganz kurz nach der Nacht.

Kim reckt sich und streckt sich.

Wird heute ein guter Tag?

Aber da, was ist das?

Es rumpelt und pumpelt.

Rums, bums.

Poch, poch, poch.

„Hallo Kim, heraus aus dem Bett.
Es ist Zeit, jetzt aufzustehen!"

Kim reibt sich die Augen.

Nanu? Der helle Tag ist da!

Wir springen aus dem Bett.

Zuerst Kim, dann ich.

Wir laufen in die Küche.

Da duftet es süß nach heißer Schokolade.

Hopplahopp und rundherum.

Mama und Papa lachen.

Und Kim traut sich.

Er erzählt –
Von der großen schwarzen Angst
und der Mut-mach-Geschichte.

Von der riesig-rot-wütenden Wut.

Und ein bisschen auch von Yum-Yum.

„Mama, Papa, stellt euch vor!

Jch habe die riesig-rote wütende Wut geschrumpft.

Erst war sie groß, mit Borsten, so spitz.

Dann wurde sie rund und hutzel-pickelig-klein.

Und schaut her!

Hier liegt sie nun in meiner Hand.

Nur für den Fall, dass ich sie mal brauchen kann."

Heute wird ein guter Tag.

Der Luftballon schillert und leuchtet.

Zwei neue Farben sind hinzugekommen:

Ein paar Tupfer Schwarz. Und einige Rot.

Die gehören jetzt dazu.

Nur für den Fall, dass Kim
sie mal brauchen kann!

Kim hält den Ballon in der Hand.

Und dann ein stilles Staunen.

Er flüstert mir leise ins Ohr:

„Jch sehe was, was du nicht siehst.

Jch sehe die mutige Maxi.

Den lauten Lucas.

Und die lustige Leyla.

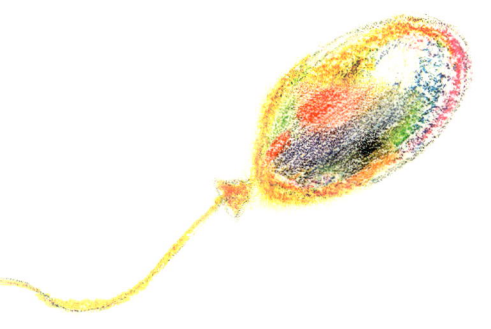

Die wieder meine allerliebsten Freunde sind!

Sie warten schon auf mich.

Zusammen sind wir eine lustig-laute Krachmacherbande."

Heute wird ein guter Tag.

Ein Hopplahopp-und-Rundherum-Kindergarten-Sonnenwettertag!

Bibliografische Information der Deutschen Nationalbibliothek:
Die Deutsche Nationalbibliothek verzeichnet diese Publikation in der
Deutschen Nationalbibliografie; detaillierte bibliografische Daten sind
im Internet über http://dnb.de abrufbar.

© 2018, Vandenhoeck & Ruprecht GmbH & Co. KG, Theaterstraße 13, D-37073 Göttingen
Alle Rechte vorbehalten. Das Werk und seine Teile sind urheberrechtlich
geschützt. Jede Verwertung in anderen als den gesetzlich zugelassenen Fällen
bedarf der vorherigen schriftlichen Einwilligung des Verlages.

Umschlagabbildung: © Alice Korotaeva

Redaktion: Peter Manstein
Satz und Layout: SchwabScantechnik, Göttingen
Druck und Bindung: Beltz Grafische Betriebe, Bad Langensalza
Printed in the EU

Vandenhoeck & Ruprecht Verlage | www.vandenhoeck-ruprecht-verlage.com

ISBN 978-3-525-40515-4

Renate Jegodtka
Peter Luitjens

Kim, Tim-Tiger und das gefährliche Etwas

Eine Mutmach-Geschichte für traumatisierte Kinder

Begleitheft

Fachdidaktische Anregungen

»Darf ich vorstellen, das ist die Familie Hoppla«

So beginnt das Bilderbuch, das Sie in den Händen halten. Tim-Tiger, ein für Erwachsene vielleicht nur als Kuscheltier sichtbarer Helfer, führt durch die Geschichte, in der einem Kind etws Überwältigendes geschieht.

»Darf ich vorstellen …«, könnte Tim-Tiger weiter sagen, »diese beiden hier sind Renate Jegodtka und Peter Luitjens, die Autoren des Bilderbuches und auch dieses Begleittextes.« Da hätte er recht. Wir haben uns überlegt, dass es traumatisierten Kindern ebenso gut gefällt, Geschichten zu hören und Bilderbücher anzuschauen, wie allen anderen Kindern (und vielen Erwachsenen) auch. Dafür, dass aus Worten und Ideen eine Geschichte wurde, sorgten wir. Die dazugehörigen Bilder steuerte die Illustratorin Alice Korotaeva bei. Mit ihren Zeichnungen sorgte sie dafür, dass Erzähltes und Unsagbares sichtbar wurde.

Wenn Tim-Tiger nun weitersprechen dürfte, würde er verraten, *an wen wir uns mit dem Bilderbuch und dem dazugehörigen Begleittext wenden.* Aber wir lassen ihn nicht. Wir sprechen für uns selbst.

Für wen ist das Bilderbuch?

Es seien hier nur die wichtigsten Adressaten benannt:
- Das Bilderbuch ist für Kinder gedacht, die noch nicht selbst lesen können, aber gerne vorgelesen bekommen. Oder auch für Kinder, die schon selbst lesen können, aber es dennoch lieben, wenn ihnen vorgelesen wird. Bilderbücher verweben in Text und Bild Situationen, die Kinder beschäftigen. Hier beschäftigt eine Situation, durch welche die Hauptperson der Geschichte grundlegend verunsichert, sogar traumatisiert wurde: »Und dann ist etwas geschehen. Etwas Ungeheuerliches! Plötzlich kam es. Das Etwas. Ein ganz gefährliches Etwas!« Mit anderen Worten – das Bilderbuch ist für Kinder gedacht, die solch eine schwierige Erfahrung machen mussten.
- Aber nicht nur für diese Kinder ist es spannend und nützlich. Auch Mädchen und Jungen, die in ihrem bisherigen Leben das Glück hatten, vom Unglück verschont zu bleiben, lieben Geschichten, in denen Aufregendes geschieht und in denen es zu einer guten Lösung kommt.
- Und die Erwachsenen? Mit der Geschichte von Kim, Tim-Tiger und dem gefährlichen Etwas wenden wir uns auch an Entwicklungsbegleitende von Kindern. An solche, die Freude daran haben, Bilder zu betrachten und Geschichten vorzulesen, oder die glauben, dass dies eine gute Idee ist und die es daher versuchen wollen.
- Als Eltern möchten wir Sie ansprechen, wenn Sie sich Sorgen machen, weil etwas geschehen ist, dass Ihre Tochter oder Ihren Sohn grundlegend verunsicherte. Vielleicht war sogar das Leben Ihres Kindes gefährdet, und nun verhält es sich auf ganz andere Weise als zuvor.

– Als Erzieher/-innen und sonstige Pädagogen wenden wir uns an Sie, wenn Sie in Ihrem beruflichen Alltag dazu beitragen, dass für junge Kinder ein unterstützender Entwicklungsrahmen gestaltet wird. Das mag z. B. im Rahmen der Frühförderung der Fall sein, in Einrichtungen der Kindertagesbetreuung, in der stationären Jugendhilfe, an Grundschulen, in der sozialpädagogischen Familienhilfe oder anderswo. Einem der Ihnen anvertrauten Mädchen und Jungen ist Schlimmes geschehen? Das Aufwachsen dieses Kindes ist durch ein überwältigendes Ereignis überschattet? Nun sind Sie auf der Suche nach Möglichkeiten, diesem Kind Ressourcen zur Verfügung zu stellen? Hier kann die Arbeit mit dem Bilderbuch eine hilfreiche Anregung sein.

Für wen ist dieser Begleittext?

Der Begleittext richtet sich ausschließlich an Sie als Erwachsene – als Eltern oder Pädagoginnen und Pädagogen. Er macht sie mit theoretischen und methodischen Aspekten zur Arbeit mit dem Bilderbuch vertraut.

Warum überhaupt dieses Bilderbuch?

Wenn Tim-Tiger sich nun wieder einmischen dürfte, würde er uns sicher darauf aufmerksam machen, dass wir noch kein Wort darüber verloren haben, wozu es gut sein soll, eine bebilderte »Traumageschichte« zu verfassen, die sich insbesondere an so junge Kinder wendet wie beschrieben. Was haben wir uns also dabei gedacht?

Menschen, denen Schreckliches widerfahren ist, egal ob sie jung oder alt, groß oder klein sind, erinnern sich: Ungewollt tauchen Bilder von dem massiven Ereignis auf – Schreckensbilder. Sie kommen oft unvermutet und ängstigen erneut, beunruhigen, lösen Herzklopfen und andere Körperreaktionen aus. Bilderbücher können eine Einladung sein, in einen neuen Raum einzutreten, in dem innere Bilder angeregt werden, die Wachstum, Freude am Leben und Eigen-Mächtigkeit denkbar werden lassen. Dazu möchten wir mit diesem Bilderbuch beitragen. Uns geht es also darum, den Blick auf das Leben zu lenken. Insofern handelt es sich um eine bebilderte »Trauma-Überwindungs-Geschichte« für Kinder.

Dann gab es noch einen Anlass, der dazu führte, dass Kim, Tim-Tiger und Yum-Yum sich begegneten: Das Erzählen und Erfinden von Geschichten, das Betrachten von Bildern bereitet uns selbst ebenso viel Freude wie den von uns begleiteten jungen Menschen. Es regt an: mit-fühlen, mit-aufregen, mit-hoffen, mit-aufatmen. Wir waren auf der Suche nach einem Bilderbuch für traumatisierte *junge* Kinder. Es sollte deren Erfahrung der Überwältigung so aufgreifen, dass beim gemeinsamen Lesen, Schauen und Sprechen »Nacherleben« möglich wird: »Ja, das kenne ich auch«, oder »Ja, so geht es mir auch manchmal«.

Was wir fanden, waren überwiegend bebilderte Bücher für ältere Kinder. In diesen stehen realitätsbezogene Lernprozesse im Vordergrund. Traumaspezifisches Wissen (z. B. über die Hirnfunktionen) soll so aufbereitet werden, dass es für betroffene Kinder verstehbar wird (vgl. Steffen, 2014; Herzog, 2015). Bilder und Geschichten sind in diesem Zugang Medien der Informationsvermittlung.

Uns ging es um einen anderen Wirkaspekt von Bilderbüchern. Gerade illustrierte Geschichten für junge Kinder sind in der Lage, indirektes und intuitives Erfassen eines Themas zu unterstützen. Die Verknüpfung der gesprochenen Sprache mit der symbolhaften Bildsprache ist wunderbar geeignet, das Erleben in den Mittelpunkt zu stellen, innere Bilder anzuregen und Bewältigung vorstellbar zu machen. Die Hauptperson der Geschichte empfindet, sie nimmt wahr, sie handelt. Sie bietet Kindern die Möglichkeit, sich mit ihr zu identifizieren. Gefühle, welche die Identifikationsfigur nach der überwältigenden Erfahrung aus dem Gleichgewicht bringen, werden dem zuhörenden und betrachtenden Kind als erzählte Handlung bildlich vor Augen geführt. Die Geschichte folgt keinem rational-logischen oder direktiv-belehrenden Erzählstrang, sondern nutzt erfahrungsgebundene Kanäle des Verstehens.

Da wir keine Bilderbücher für diese Altersgruppe fanden, die unseren Vorstellungen entsprachen, entstand die Idee, selbst kreativ zu werden. Und so kam es dazu, dass sich Kim, Tim-Tiger und Yum-Yum, die alte Zottelmonsterdame, in einer Geschichte trafen.

Der Held der Geschichte

Tim-Tiger würde vielleicht meinen, er selbst sei mit dem Helden gemeint, aber so ist es nicht: Es ist der Junge Kim – ungefähr fünf Jahre alt. Wir begegnen ihm zunächst in seiner alltäglichen äußeren und inneren Lebens- und Erlebenswelt. Er wächst bei seinen Eltern auf, besucht den Kindergarten, hat Freundinnen und Freunde und ist neugierig auf die Welt. Wie für die meisten Kinder, gibt es auch für ihn gute und weniger gute Tage. Oft scheint Kim Grund zum Lachen zu haben. Es gibt aber auch Momente, in denen er Traurigkeit, Scham oder Angst verspürt, Situationen und Emotionen, welche den jungen Adressatinnen und Adressaten des Bilderbuches aus eigener Erfahrung vertraut sein werden. Insgesamt scheinen Kims Eltern, Frau und Herr Hoppla, ihrem Sohn ein hinreichend liebevolles und versorgendes Umfeld für sein gesundes Aufwachsen zur Verfügung zu stellen. Insofern ist Kims Welt für ihn »in Ordnung« – bis zu dem Zeitpunkt, an dem ein überwältigendes Ereignis ihn existenziell bedroht. Ein Trauma?

Und dann ist etwas geschehen …

Ein Trauma – was ist damit gemeint? Diese Frage wird in der Fachliteratur unterschiedlich beantwortet.

Allgemein bedeutet Trauma »Wunde«. In der Medizin wird dieser Begriff dort angewendet, wo es um Verletzungen infolge äußerer Einwirkungen geht. Also: Wäre Kim beim Spiel vom Baum gestürzt und hätte sich dabei einen Arm gebrochen, bestände das Trauma in der Verletzung seines Armes. Schwieriger wird die Definition, wenn der Begriff des Traumas in den Bereich des Psychischen übertragen wird. Als Metapher verwendet, wird er wandelbar und lädt zu unterschiedlichen Interpretationen ein.

Laut Internationalem Klassifikationssystem der Krankheiten (ICD-10) der Weltgesundheitsorganisation handelt es sich bei »psychischem Trauma« um ein »belastendes Ereignis oder eine Situation außergewöhnlicher Bedrohung oder katastrophenartigen Ausmaßes (kurz oder langanhaltend), die bei fast jedem eine tiefe Verzweiflung hervorrufen würde« (zum ICD-10 vgl. Remschmidt, Schmidt u. Poustka, 2001, S. 197). An anderer Stelle wird Trauma als ein »vitales Diskrepanzerlebnis zwischen bedrohlichen Situationsfaktoren und den individuellen Bewältigungsmöglichkeiten« definiert, »das mit Gefühlen der Hilflosigkeit und schutzloser Preisgabe einhergeht und so eine dauerhafte Erschütterung im Selbst- und Weltverständnis bewirkt« (Fischer u. Riedesser, 1998, S. 79). Nach David Becker (2005, S. 153) »handelt [es]sich um eine Situation, die extremes psychisches Leid verursacht.« Er betont, dass Symptome, die sich eventuell in der Folge traumatisierender Erfahrungen entwickeln, »als eine normale Reaktion auf eine anormale Situation« (S. 153) gewertet werden können. Dem schließen wir uns an.

Die amerikanische Kinderpsychiaterin Leonore Terr (1991) schlägt im Rahmen ihrer Auseinandersetzung mit kindlichen Traumatisierungen die Unterscheidung zwischen Typ-I- und Typ-II-Trauma vor. Als Typ-I-Trauma kennzeichnet sie traumatische Ereignisse mit unvorhersehbarem, abgrenzbarem, einmaligem Charakter. Markus Landolt (2004) unterscheidet zudem zwischen traumatischen Ereignissen, die durch zwischenmenschliche Gewalt verursacht werden, und solchen, die durch Naturkatastrophen oder Zufälle – wie z. B. Unfälle –, ausgelöst werden (vgl. Jegodtka u. Luitjens, 2016, S. 56 f.).

In der vorgestellten Geschichte stehen die weitreichenden Folgen eines *einmaligen traumatisierenden Geschehens* im Mittelpunkt: Ein »gefährliches Etwas« hat Kim bedroht. Es geht also nicht um eine existenzielle Gefährdung, die über lange Zeit zum Lebensalltag des Jungen gehörte, und es geht auch nicht um Gewalt, die ihm von anderen Menschen zugefügt wurde. Das wäre eine andere Geschichte.

Was Kim genau erlebte, bleibt für die Zuhörer im Verborgenen. Auch die Bilder geben hierüber keine Auskunft. So eröffnet sich für die jungen Betrachter die Chance, die vermeintliche Lücke in der Erzählung mit eigenen imaginierten Bildern auszufüllen. »Was mag dem Jungen geschehen sein? Ist er in ein tiefes Loch gestürzt, oder wurde er etwa von einem wütend knurrenden Hund angefallen, vielleicht sogar gebissen?« fragen sich vielleicht die einen. Bei anderen Mädchen oder Jungen werden eigene Erinnerungsbilder auftauchen und sich mit der Geschichte verbinden. Das Nichterzählte lässt für die lesenden oder hörenden Kinder die Möglichkeit offen, fließend zwischen Distanzierung und Identifikation zu wechseln.

Auch wenn wir nicht erfahren, welches ängstigende Ereignis Kim überwältigte, wird erkennbar, dass danach für das Kind nichts mehr ist, wie es einmal war. Kims Überzeugung, er sei sicher in der Welt, ist grundlegend erschüttert. Erkennbar werden auch einige »normale Reaktionen« auf diese anormale und existenziell bedrohliche Situation:

- Kims Herz schlägt laut, ihm wird kalt, er zittert. Er möchte schreien oder weinen, aber nichts dergleichen von außen Erkennbare geschieht. Der Junge scheint wie erstarrt zu sein. »Immobilisierung durch Erstarren entspricht der gängigen Definition der traumatischen Reaktion auf eine traumatisierende Situation beim Menschen« (Jegodtka u. Luitjens, 2016, S. 89).
- »Und Kim war ganz allein. Und so klein.« Er war natürlich nicht kleiner als sonst, aber die Bedrohung war so existenziell, dass er sich in der Situation als ungeschützt kleines Kind völlig verlassen fühlte. »Ich glaube, dass der Kern jeder Traumatisierung in extremer Einsamkeit besteht. Im äußersten Verlassensein« (Onno van der Hart, in: Huber, 2007, S. 61).

Beschrieben wird auch, welche weitreichenden individuellen Folgen Traumatisierungen im zeitlichen Verlauf haben können. Das gefährliche Etwas hatte für Kim Unerwünschtes im Gepäck:

- Wie viele traumatisierte junge oder auch ältere Menschen entwickelt der Junge Ängste und kann zudem schlecht schlafen. Im Albtraum hört er es zischeln und raunen: *Es gibt ein gefährliches Etwas!* Das nicht kontrollierbare Wiedererleben der traumatisierenden Erfahrung, z. B. in Albträumen, wird im ICD-10 als eine typische Traumafolge benannt (Jegodtka u. Luitjens, 2016, S. 54).
- Kim wird durch Erinnerungsbilder (Flashbacks) verunsichert. Ein »lauter Rums im Gebüsch« kann zum Trigger werden, sodass er sich unvermittelt an das schreckliche Ereignis erinnert. »Ein Trigger ist ein Reiz, der das Erleben der betreffenden Person plötzlich aus dem Jetzt in das vergangene traumatisierende Geschehen katapultiert, als ob dieses Jetzt Wirklichkeit wäre. Dieser Reiz kann aus dem Innen wie aus dem Außen kommen: eine bestimmte Körperempfindung, ein Geräusch, ein Geruch, eine Farbe – alles, was während des traumatisierenden Geschehens wahrgenommen werden konnte, kann später

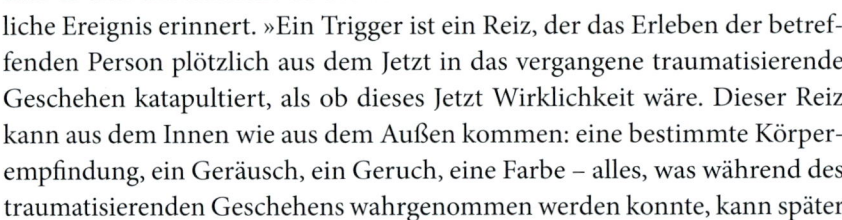

zum Trigger werden« (Jegodtka u. Luitjens, 2016, S. 85). Auch das ungewollte Wiedererleben der überwältigenden Erfahrung durch Flashbacks wird im ICD-10 als eine typische Traumafolge benannt.

– Ein unvorhergesehenes Geräusch – und Kim gerät außer sich. Es erinnert ihn an die Gefahr. Sie wird als so groß bewertet, dass normales Handeln nicht auszureichen scheint. Kampf oder Flucht ist die Frage. Kim wird in Sekundenschnelle in eine Übererregung versetzt, die er nicht regulieren kann. Wut bemächtigt sich seiner: »Ganz plötzlich war sie dann da, die riesig-rote Wut. Sie wuchs im Bauch von Kim. Sie wurde groß und größer.« Der Junge reagiert mit einem Überlebensmuster, das er mit allen Menschen und Säugetieren teilt. Ein Teil des autonomem Nervensystems »sorgt dafür, dass dem Körper Energie zur Verfügung gestellt wird: Die äußere Muskulatur wird intensiver durchblutet, der Kreislauf fährt hoch, die Atmung wird schneller. Gleichzeitig wird die Empfindungs- und Wahrnehmungsfähigkeit intensiviert« (Jegodtka u. Luitjens, 2016, S. 88). »Achtung, aufgepasst, es lauert Gefahr!«, scheint das Geräusch zu signalisieren. Der Junge reagiert blitzschnell: »Kims Füße wollten stampfen, Kims Hand wollte schlagen. OH SCHRECK! Kim hat tatsächlich zugeschlagen.« Eine Notfallreaktion des Gehirns – das Denken folgt später.[1]

Traumatisierende Erfahrungen bleiben nicht auf den einzelnen Menschen beschränkt. Sie haben Einfluss auf die Beziehungsstrukturen des sozialen Umfeldes. In der Geschichte wird darauf hingewiesen: Die Begegnung mit dem »schrecklichen Etwas« bewirkt, dass Kim in Zustände der Übererregung gerät. Andere Menschen bekommen dieses zu spüren und reagieren darauf. Es entstehen Spannungen im sozialen Miteinander. Wir erfahren, dass es in der Familie Hoppla nun häufig »donnert und blitzt, oder manchmal einfach nur dunkel ist«. Die familiäre Atmosphäre hat sich verändert. Zudem sorgen die Wutausbrüche des Jungen »auch dafür, dass die mutige Maxi, der laute Lucas und die lustige Leyla nicht mehr Kims allerliebste Freunde sind«. Das Kind hat nun in Konfliktsituationen keinen Zugriff auf seine bereits entwickelte soziale Kompetenz. Das Miteinander in der Kindergruppe ist davon betroffen, Freundschaften sind infrage gestellt.

Um seine Not mitzuteilen, nutzt der Junge vielfältige Weisen und Sprachen:

Sprachen und Welten des Kindes

»[E]in Kind hat hundert Sprachen
[…]
Hundert Weisen zu denken, zu spielen und zu sprechen
Hundert Weisen zu hören, zu staunen und zu lieben
Hundert Weisen zu singen und zu verstehen
Hundert Welten zu entdecken
Hundert Welten zu erfinden
Hundert Welten zu träumen
Ein Kind hat hundert Sprachen,
doch es werden ihm neunundneunzig geraubt.«

In diesem Ausschnitt aus einem Gedicht des Pädagogen Loris Malaguzzi (1985), dem Gründer der Reggio-Pädagogik, wird auf die Vielfalt kindlicher Möglichkeiten des Ausdrucks und des Verstehens hingewiesen. Hundert Sprachen, wird hier gesagt, stehen Kindern zur Verfügung, aber nur eine wird ihnen gelassen, da diese eine in unserer Gesellschaft so hoch bewertet wird: die Sprache des Wortes – die gesprochene Sprache. Traumatisierende Erfahrungen können allerdings bewirken, dass es einem Menschen »die Sprache verschlägt« (Jegodtka u. Luitjens, 2016, S. 101), zumal Kindern, die noch dabei sind, sich in der gesprochenen Sprache einzurichten: eine normale Reaktion auf eine nicht normale Erfahrung.

---

1 Für eine intensivere Auseinandersetzung mit dem Themenkomplex »Trauma, Körper und der Geist« verweisen wir auf das Kapitel 3.4 unseres Buches (Jegodtka u. Luitjens, 2016).

Uns als Entwicklungsbegleitende eröffnet sich eine große Chance, wenn wir unsere Aufmerksamkeit auf die vielen weiteren Sprachen des Kindes richten, z. B. darauf:

Die wortlose Sprache des Körpers

Kinder zeigen uns ihre Verfassung auch ohne Worte. Sie hüpfen vor Freude, wenn es ihnen gut geht. Sie stampfen voller Wut mit dem Fuß. Mit hängenden Schultern bringen sie Trauer zum Ausdruck. Als Kim in die Hose machte, war intensive Scham die Folge. Seine Körpersprache ist deutlich. Er wendet sich ab, neigt den Kopf zur Seite und wird rot im Gesicht. Ständig senden Kinder uns nonverbale Botschaften.

Die Sprache des Rhythmus und des Schlafes

Das Leben ist Rhythmus, von Anfang an. Wir atmen ein, wir atmen aus, unser Herz schlägt gleichmäßig. Der stete Wechsel zwischen Tag und Nacht mit seinen Wiederholungen und Ritualen dient Kindern dazu, sich in Zeit, Raum und im sozialen Miteinander zu orientieren. Der Rhythmus des einen und der Rhythmus des anderen beziehen sich aufeinander. »Rhythmusausgleich als Grundform der Kommunikation zeigt sich in der Entwicklung des Kindes stets von Neuem als bestimmend beim Essen, beim Spielen, beim Lernen« (Molcho, 2005, S. 37). Traumatisierende Erfahrungen bringen überwältigte Kinder und ihr soziales Umfeld »aus dem Takt«, sodass der Rhythmusausgleich erschwert ist: Während die einen Familienmitglieder essen möchten, hat das traumatisierte Kind keinen Appetit, während Freundinnen und Freunde spielen, halten Flashbacks das überwältigte Kind davon ab, sich zu beteiligen.

Auch mithilfe des individuellen Rhythmus verraten uns Kinder, wie es ihnen geht. Kim erwacht in der Nacht. Die große schwarze Angst hat ihm unheimliche Träume gebracht. Mit dem gestörten Schlaf-Wach-Rhythmus weist er darauf hin, dass mit der traumatisierenden Erfahrung bereits erworbene Sicherheit verloren ging.

Das Bilderbuch verrät uns, dass die traumatisierende Erfahrung den familiären Rhythmus durcheinandergebracht hat. Wie sich die Dynamik weiterentwickelt, wird an dieser Stelle nicht erwähnt. Auch die Frage, ob Kims Freundschaften weiterhin getrübt sein werden, wird nicht weiter ausgeführt. Der Erzählstrang der Geschichte geht in eine andere Richtung weiter. Er bewegt sich im Grenzbereich zwischen realer und erdachter Welt: Kim hat etwas Traumatisierendes erlebt, das ist tatsächlich geschehen. Anstatt die Geschichte nun wirklichkeitsnah weiterzuentwickeln, haben wir uns entschieden, eine der Hundert Welten aufzugreifen, die fast allen Kindern und auch vielen Erwachsenen vertraut ist:

Die Welt der Fantasie

Kim, der Held unserer Geschichte, verfügt über eine hohe imaginative Kompetenz – eine ihn stabilisierende Ressource. Erinnerungen an traumatische Erfahrungen werden überwiegend bildhaft und körperlich gespeichert. Imagination, also die Fähigkeit des Menschen, sich etwas vorzustellen, ist in besonderer Weise geeignet, schrecklichen Erinnerungsbildern etwas entgegenzusetzen. Insbesondere Kindern »fällt es in der Regel sehr leicht, sich etwas auszumalen. Sie verwenden zudem intuitiv ihre *natürliche Gabe* der Vorstellungskraft, um mit schwierigen, belastenden Situationen – eben auch traumatischen Ereignissen – zurechtzukommen« (Lackner, 2004, S. 84). Mit Kims Geschichte knüpfen wir an diese Fähigkeit der Kinder in verschiedener Weise an. Zunächst begegnet uns:

Tim-Tiger – ein hilfreicher Begleiter

Ebenso wie viele andere Kinder seines Alters hat Kim einen Helfer an seiner Seite: Tim-Tiger. »Ein Kuscheltier«, würden wir als Erwachsene sagen. »Mein Freund«, wäre Kim sicherlich überzeugt. Laut einer Studie der Stiftung »Chancen für Kinder durch Spielen« nutzen drei von vier Kindern im Alter zwischen drei und sechs Jahren ihr Kuscheltier bzw. ihre Puppe als emotionale Versicherung bei besonderen Herausforderungen, und für fast alle dieser Jungen und Mädchen sind diese Begleiter eine Stütze, wenn es ihnen einmal nicht so gut geht (Holler u. Götz, 2012, S. 19).  Erinnern Sie sich daran, wie wichtig Ihnen Ihr Lieblingskuscheltier oder Ihre Lieblingspuppe in der eigenen Kindheit war? Sie ließen sich trösten, hatten auf diese Weise eine Spielpartnerin bzw. einen Spielpartner, der Übergang von den Aufregungen des Tages in das Dunkel der Nacht fiel leichter, wenn der vertraute Geruch des Kuscheltiers oder der Puppe Sie beruhigte? Damit stehen Sie nicht allein: 85 % von 1.000 befragten 16- bis 69-jährigen Männern und Frauen hatten in ihrer Kindheit ein Stofftier oder eine Puppe und »etwa die Hälfte der Erwachsenen, die einen erklärten ›Haupt‹-Kindheitsbegleiter hatten, besitzen ihr Stofftier oder ihre Puppe von damals noch heute« (S. 24). Für Kinder sind Kuscheltiere oder Puppen mehr, »als nur materielle Objekte. Sie sind emotional oft hoch besetzt und Gefährten bei der Alltagsbewältigung und Aufarbeitung von Erlebnissen« (S. 27). Tim-Tiger ist solch ein hilfreicher Begleiter. Als sich Kim in einer absoluten Notlage wiederfindet, ist dieser zuverlässig bei dem Jungen, vermittelt ihm Sicherheit und Trost. Tim-Tiger übernimmt hier also »eine stützende Funktion, die hilft, eine aus dem Gleichgewicht gekommene Emotionalität wieder in Balance zu bringen« (S. 9). Kims Kuscheltier hat eine reale Existenz. Der Junge kann sie ebenso wahrnehmen wie andere Menschen in seinem Umfeld.

Tim-Tiger hat aber auch eine darüber hinausgehende, vorgestellte Realität, die den Eltern des Kindes und anderen Menschen unzugänglich ist. In dieser Realität ist Tim-Tiger beseelt, kann groß oder klein sein, kann sprechen, denken und handeln – eine starke Ressource. »Kuscheltiere werden gern als imaginierte Gefährten und fantasierte Gesprächspartner genutzt. Sie stoßen auf diese Weise die Kommunikation mit sich selbst an« (Fooken, 2012, S. 28).  Als es Kim gut ging, flüsterte er seinem Gefährten leise lustige Lachgeschichten ins Ohr. Des Abends, wenn es dunkel wird, und die kleine Angst kommt, revanchiert sich Tim-Tiger mit einer Mut-mach-Geschichte. Der Junge lässt sich selbst durch das Kuscheltier sprechen und findet so Zugang zu machtvollen Fantasiebildern, die zur Bewältigung der Begegnung mit dem gefährlichen Etwas imaginiert werden. Darüber hinaus fordert das Spiel mit Helferfiguren dazu auf, »Gedanken und Sprache in Handlungsspielräumen umzusetzen. Im Spiel mit ihnen können sich kreative und erfolgreiche *Handlungsorientierungen* herausbilden bzw. geübt werden« (S. 30).

Eine Helferfigur verfügt über viele, vielleicht aber nicht über alle Kompetenzen, die benötigt werden, um eine belastende Situation zu bewältigen. So erging es auch Tim-Tiger. Kim hatte seinem helfenden Begleiter wohl die Aufgabe zugewiesen, ihn zu trösten und in Bezug auf die »große schwarze Angst« zu ent-ängstigen. Dies gelingt Tim-Tiger zunächst gut. Allerdings hatte das gefährliche Etwas noch mehr im Gepäck. Um sich hiermit auseinandersetzen zu können, imaginiert der Junge eine Helferin, die mit magischen Fähigkeiten ausgestattet ist: Yum-Yum.

Unsichtbare Gefährtinnen und Gefährten

Wenngleich Yum-Yum eine Helferin ist, unterscheidet sich diese fiktive Figur deutlich von Tim-Tiger. Sie ist kein Kuscheltier, sondern eine erdachte »alte Zottelmonsterdame«. Niemand kann sie sehen. Nur Tim-Tiger und Kim zeigt sie sich, und nun auch den Betrachtern des Bilderbuches. Von solch unsichtbaren Fantasiegefährten oder -gefährtinnen werden viele Kinder (und manchmal auch Erwachsene) begleitet. Sie sind nur in deren »Vorstellung vorhandene, vor dem geistigen Auge sichtbare und für andere Personen unzugängliche Begleiter von Kindern. Wenn ein Kind einen unsichtbaren Freund gefunden hat, tritt dieser, ähnlich einer Fortsetzungsgeschichte, immer wieder einmal in Erscheinung« (Neuß, 2017, S. 17). Auch bei Kim ist es so. Er sucht Yum-Yum immer dann auf, wenn eine Lebenssituation ihn besonders herausfordert, so z. B. nachdem das gefährliche Etwas ihn überwältigte. Imaginierte Figuren wie Yum-Yum werden ausschließlich durch die Fantasie erschaffen. Sie »sind quasi Mittel zur Selbstentfaltung des kindlichen Potenzials« (S. 111) und können mit genau den Fähigkeiten ausgestattet werden, die das jeweilige Kind in der aktuellen Situation benötigt.

Yum-Yum steht Kim begleitend zur Seite. Sie beruhigt ihn, gibt Handlungsorientierung und Hoffnung auf Bewältigung. Als selbst erdachte Zottelmonsterdame ist sie eine starke, vielleicht sogar weise Gefährtin, die über eine vorgestellte geheimnisvoll-übernatürliche Wirkkraft verfügt: Sie kann mithilfe eines Rohres »ein klitze-klein wenig schauen, was bald wird«. So eröffnet sich für Kim die Chance, Bewältigung zunächst in der Fantasie vorwegzunehmen und Neues zu erproben: »Wie würde es mir gehen, wenn ich …?« Er bewegt sich damit bereits im Bereich der Selbstwirksamkeitserwartungen, des Denkens in Möglichkeiten.

Im Park der wundersamen Dinge

Für unsichtbare Gefährtinnen und Gefährten kreieren Kinder oft eine eigene Welt, die parallel zu ihrem realen Lebensumfeld irgendwo im Nirgendwo existiert. »Nicht selten werden Fantasiefreunde zusammen mit einer ganzen Fantasiewelt erfunden. Ebenso wie die Episoden mit den unsichtbaren Freunden kann sich diese Fantasiewelt entwickeln und entfalten. Diese Welt blüht förmlich auf und ist oft Heimat der unsichtbaren Freunde und ein zweites Zuhause des Kindes« (Neuß, 2017, S. 57). Yum-Yum lebt in dem fiktiven, also nur in der Vorstellung vorhandenen Park der wundersamen Dinge. Sie hütet diesen imaginären Ort, an dem Kim sich wohl und beschützt, vielleicht sogar selbst-mächtig fühlen kann.

Der Park der wundersamen Dinge wurde allerdings nicht von Kim erdacht. Der Junge ist ja, ebenso wie Tim-Tiger und Yum-Yum, selbst Teil der Geschichte. Vielmehr waren wir es, die Autorin und der Autor des Bilderbuches, die Kim an diesen magischen Ort führten. Unsere eigene Freude am Fabulieren ließ vor unserem inneren Auge einen Park mit behütetem Eingang entstehen. Von Büschen und Bäumen ist er bewachsen. Wundersame Dinge verströmen süße Düfte – fast konnten wir sie riechen. Dieser vorgestellte Platz bildet das Umfeld, in dem Kim nach verunsichernder Traumatisierung Impulse erhält, welche die Bewältigung des Erlebten in den Bereich des Möglichen rücken.

In die Erzählung rund um das Geschehen in diesem sonderbaren Park wurden einige erprobte Vorgehensweisen systemischer Traumapädagogik eingewoben:

– Kims Welt geriet durch ein gefährliches Etwas aus den Fugen. Nun stellt er sich einen Ort vor, an dem er wieder zu innerer Stabilität gelangen kann. In der psychosozialen Begleitung traumatisierter Menschen ist die Imagination eines »inneren guten Ortes« eine etablierte Methode zur Selbstberuhigung (Imagination als heilsame Kraft).
– Wie in märchenhaften Erzählungen üblich, verfügen die handelnden Helferfiguren über Fähigkeiten, die über das spontane Handlungsrepertoire des hilfesuchenden Helden der Geschichte hinausgehen. Mit diesem Fortgang der Handlung wird der Blick in Richtung Ressourcen und Selbstwirksamkeit gelenkt, sodass Zuversicht und Vertrauen in die eigene Stärke entstehen können. Dem Konzept systemischer Traumapädagogik liegt eine Haltung zugrunde, welche die Folgen von traumatisierenden Erfahrungen anerkennt, benennt und gleichzeitig den Blick auf Ressourcen lenkt (Jegodtka u. Luitjens, 2016, S. 28). Kim als Betroffener und mit ihm die zuhörenden Kinder werden unaufgeregt angeregt, die eigenen Bewältigungsstrategien zu erweitern (»Was hat bei mir schon einmal geholfen oder bei meinen Freundinnen und Freunden?«).
– Kim schaut durch das Rohr »ES WIRD EINMAL« und erblickt sich selbst in einer Zukunftsvision. Die Orientierung auf eine Zukunft, in der Bewältigung möglich ist, lässt die Zuversicht wachsen, wieder selbstwirksam sein zu kön-

nen. Systemische Traumapädagogik bezieht die zeitliche Perspektive ein: »Wird der Blick in die Vergangenheit gerichtet, kann zum Beispiel reflektiert werden, was dem einzelnen Menschen, der Familie geschehen ist und was geholfen hat, trotz traumatisierender Erfahrungen weiterzuleben. Der Blick in die Zukunft kann mit Hoffnung auf Veränderung und Schritten zur Selbstbemächtigung verbunden werden« (S. 36).

- Der Junge begegnet der riesig-rot-wütenden Wut mit einer stabilisierenden Haltung aus dem Yoga (Heldenhaltung). Für traumatisierte Kinder kann das Üben von altersangepassten Haltungen aus dem traumasensiblen Yoga »ein Zugang sein, der es ihnen ermöglicht, Selbstwirksamkeit zu erfahren, Affekte zu regulieren und schrittweise mit sich und der umgebenden Welt wieder in Verbindung zu kommen« (S. 29, vgl. ebd. Kapitel 5.2).
- Kim verstärkt die energievolle Yoga-Haltung durch das Sprechen eines Verses. Die meisten Kinder lieben den rhythmischen Singsang eines Reimes. Das Sprechen solch eines kurzen Verses lässt ein inneres Bild eigener Handlungskompetenz entstehen: »Ich habe die riesig-rote wütende Wut geschrumpft!« In Verbindung mit der fließenden Bewegung der Yogahaltung wird die Aufmerksamkeit auf Bewältigung gelenkt.[2]

---

[2] »Im Verständnis des Yoga bilden Körper, Atem und Psyche ein Netzwerk. Wenn irgendetwas das Gleichgewicht in einem der drei Bereiche stört, nimmt das Einfluss auf die anderen Bereiche« (R. Sriram, in: Jegodtka u. Luitjens, 2016, S. 19). Mit einer traumasensiblen Yogapraxis nehmen wir Einfluss auf dieses Netzwerk. Um zur Stabilisierung traumatisierter Menschen beizutragen, nutzt Yoga die Verbindung bewusster Bewegung und Atem. Jüngeren Kindern fällt die Lenkung der Aufmerksamkeit auf den Atem mitunter schwer. Der Yogagelehrte R. Sriram schreibt (in Sriram u. Becker-Oberender, 2015, S. 31), dass die Verbindung von Yogahaltungen mit dem Aufsagen kleiner Verse ein hilfreicher Zugang für Kinder ist.

Kinder haben, wie oben bereits erwähnt, Hundert Weisen, die Welt zu entdecken, Hundert Sprachen sich mitzuteilen (Malaguzzi, 1985), jedes Kind auf besondere Weise. Wir möchten ergänzen: Wie jedes andere Kind hat auch ein traumatisiertes Kind Hundert Weisen, die Welt zu entdecken, sich mit dem Erlebten auseinanderzusetzen, sich seiner Umwelt mitzuteilen – jedes traumatisierte Kind auf seine Weise. Es hat Hundert Welten, in denen es sich bewegt, Hundert Weisen, in denen es erprobt, sich in seiner unsicher gewordenen Welt wieder sicherer zu fühlen. Eine dieser Weisen ist ein Ausflug in das Reich der Fantasie. Wir haben Kim in seine imaginierte Welt begleitet. Aus dieser Welt kehren wir nun zurück und wenden uns einer anderen der Hundert Sprachen des Kindes zu. Es ist die eine Sprache, die in unserer Gesellschaft so besonders hoch gewertet wird:

Die Sprache des Wortes

Überwältigende Erfahrungen greifen in diese Welt der gesprochenen Sprache ein. Sie lassen alte ebenso wie junge Menschen verstummen, machen sie sprachlos. »Gerade das Trauma existiert oft am wenigsten in der Sprache« (Wagner, 2010, S. 9). Kim erzählt nicht, was ihm geschehen ist, als er auf dem Weg zu seinem geheimen Versteck unvermittelt von einem gefährlichen Etwas bedroht wurde. Er spricht auch nicht darüber, wie es ihm danach ergeht, was ihn ängstigt oder in Wut versetzt. Vielleicht fehlen ihm die passenden Worte: »Da ist keine Sprache, da sind keine Worte, mit deren Hilfe Du das Unsagbare sagen, das Unbegreifliche erklären könntest« (Levi, 1988, S. 369). Oder der Junge kann sich nicht genau an das erinnern, was geschehen ist. Das wäre nicht verwunderlich. Traumatisierendes wird überwiegend zersplittert und nicht-sprachlich im Gedächtnis aufbewahrt (Korittko u. Pleyer, 2014, S. 36). Das ist bei Kindern ebenso wie bei Erwachsenen.

Auch Herr und Frau Hoppla scheinen das Erlebnis des Jungen nicht anzusprechen, jedenfalls erfahren wir nichts Derartiges. Möglicherweise wollen Kims Eltern ihren Sohn vor erneutem Schmerz schützen oder sie finden nicht den Mut, das Erlebte zu benennen. So geht es vielen Eltern, deren Kind ähnlich Überwältigendes erlebte: Das Trauma erzeugt Unsicherheit. »Diese Unsicherheit und die Angst, sich nicht richtig zu verhalten oder etwas Falsches zu sagen, hält Eltern oft davon ab, ihrem Kind gegenüber das Geschehene anzusprechen« (Lackner, 2014, S. 55).

Ob sich auch in der Kindertagesstätte hilflose Sprachlosigkeit ausgebreitet hat? Die Geschichte verrät uns nicht, wie die Erzieherinnen oder Erzieher auf das Erlebnis des Jungen und auf sein verändertes soziales Verhalten reagieren. Sind auch sie verunsichert? Pädagoginnen und Pädagogen geben oft zu bedenken, dass Vorsicht angebracht sei, wenn es um den Umgang mit traumatisierten Kindern geht.

Wenn nach einem überwältigenden Ereignis Sprachlosigkeit in den alltäglichen Lebensraum eines betroffenen Kindes eindringt, kann dies dazu führen, dass
– die begleitenden Erwachsenen sich zunehmend hilflos fühlen und ihre elterliche bzw. pädagogische Wirksamkeitsüberzeugung verlieren;
– die vielen Weisen und Sprachen des Kindes keine Resonanz finden, kein Orientierung gebendes Echo vonseiten der begleitenden Erwachsenen erfolgt;
– das Kind mit seiner Verunsicherung allein bleibt, sodass Verbindung verloren geht. Die Beziehung zwischen den Erwachsenen und dem betroffenen Kind wird durch die traumatische Sprachlosigkeit mitgestaltet.

Während wir über Sprache sprechen, hören wir im Hintergrund das Murmeln unserer Fantasie. Tim-Tiger will uns etwas mitteilen. »Halt!«, ruft er und: »Stopp!« Eigentlich soll er sich ja nicht einmischen. Tim-Tiger ist Kims Helfer, nicht unser. Aber – wer weiß, eventuell hat er etwas Wichtiges anzumerken? Und dann flüstert er uns leise fragend ins Ohr: »Kann es sein, dass ihr in eine Problemtrance geraten seid? Wo bleibt der ressourcen- und zukunftsorientierte Blick? Wenn Verbindung verloren geht, kann sie dann nicht auch wiedergefunden werden?« Wir bedanken uns bei Tim-Tiger für seinen Hinweis und gehen jetzt darauf ein:

Wieder in Verbindung kommen

Natürlich hat Tim-Tiger recht: Wenn wir überwältigte junge Menschen begleiten, ist es ein zentrales Ziel, dass sie sich (wieder) mit sich und den Menschen ihres Lebensumfeldes in Verbindung erleben können. Wir zitieren noch einmal Loris Malaguzzi (o. J.): »Wenn wir es uns genau ansehen, sind alle Fähigkeiten, die das Überleben von Kindern […] begründen, die Fähigkeit, Beziehungen und Austausch herzustellen. Also muss sich die Pädagogik entscheiden: Entweder sie stellt in den Mittelpunkt ihrer Aufgabe die Beziehung oder sie bleibt bei der alleinigen Betrachtung der Sache an sich.« Wir wollen es in diesem Begleittext zum Bilderbuch nicht bei der alleinigen Betrachtung der Folgen von Traumatisierungen belassen (bei dieser »Sache an sich«). Uns geht es vielmehr darum, die emotionale Stärkung der Jungen und Mädchen in den Mittelpunkt zu stellen. Wenn wir Kinder nach überwältigenden Erfahrungen begleiten, kann das gemeinsame Betrachten und Vorlesen von Bilderbüchern eine hilfreiche Möglichkeit sein.

Mit Bilderbüchern traumatisierte Kinder stärken

»Liest du mir etwas vor?« Eltern kennen diese Frage ebenso wie pädagogische Fachkräfte, denen jüngere oder auch ältere Kinder anvertraut sind. Wie war es bei Ihnen selbst? Hatten Sie das Glück, dass Ihnen in der Familie vorgelesen wurde? Erinnern Sie sich, wie es war, wenn Ihre Eltern oder Großeltern, vielleicht auch die älteren Geschwister ein Bilderbuch zur Hand nahmen, um sich mit Ihnen gemeinsam von Text und Bild berühren zu lassen? Gab es ein Ritual, einen besonderen Zeitpunkt im Tagesverlauf, einen besonderen Ort, an dem Sie sich gemeinsam mit der Vorleserin oder dem Vorleser auf die Reise in imaginäre Welten begaben? Roch es vertraut? Waren es abendliche »Gute-Nacht-Geschichten«, denen Sie lauschten, oder saßen Sie gemütlich eingekuschelt auf dem Schoß eines erzählenden oder vorlesenden Erwachsenen? In einer Veröffentlichung der Stiftung Lesen heißt es dazu: »Aus neurowissenschaftlicher Sicht lernt ein Kind, sobald es auf dem Schoß einer Bezugsperson sitzen kann, den Akt des Lesens mit dem Gefühl, geliebt zu werden, zu assoziieren« (Ehmig u. Reuter, 2013, S. 7). In der Vorlesestudie der Stiftung Lesen aus dem Jahr 2016 wurden Kinder gefragt, was ihnen am Vorlesen besonders gut gefällt. Ein Großteil der jungen Interviewteilnehmenden hob hervor, dass das Vorlesen von Geschichten und Bilderbüchern »so gemütlich ist« (55 %). Andere wiesen darauf hin, dass die Atmosphäre während des Vorlesens »so ruhig und entspannend« sei (40 %). Ähnlich äußerten sich diejenigen, die meinten, dass sie sich beim gemeinsamen Lesen und Betrachten von (Bilder-)Büchern »gut ausruhen« können (34 %). Besondere Bedeutung wurde dabei der Nähe zu den Eltern beigemessen. Dass »Mama/Papa sich Zeit nehmen« war für 45 % der Kinder wichtig. Die Antworten der Jungen und Mädchen fielen eindeutig aus. Sie »schätzen am Vorlesen vor allem die Nähe zu ihren Eltern und die Atmosphäre« (Stiftung Lesen, 2016, S. 14). Bereits in früheren Vorlesestudien der Stiftung Lesen wurde auf diese Aspekte hingewiesen: »Entscheidend für die Wirksamkeit von Vorlesen und Erzählen sind Nähe und Austausch mit einer Vertrauensperson« (Ehmig u. Reuter, 2013, S. 6).

Wenn Sie solch eine Vertrauensperson für ein traumatisiertes Kind sind, vielleicht dessen Mutter oder Vater, ist dies ein wichtiger Hinweis. Als das existenziell Bedrohliche geschah, fühlte sich dieses Kind wahrscheinlich ohnmächtig und verlassen. Wenn es sich jetzt mit Ihnen gemeinsam in ein Bilderbuch vertieft, wenn es im Gespräch über die Geschichte Nähe spürt, ist dies eine heilsame und stärkende *Gegenerfahrung* zum *Trauma*. Vorgelesene und erzählte »Geschichten sind Lebensmittel. Sie begleiten, wie ein Schluck warmer Kakao« (Alt, Hering, Reichmann u. Witzsche, 2014, S. 6).

Nun ist die Person, die einem Kind vorliest, nicht immer dessen Mutter oder Vater, Oma oder Opa. Wie war es bei Ihnen? Es mag sein, dass Ihre Familie nicht der Ort war, an dem Sie selbst mit Bilderbüchern in Berührung kamen. So geht es auch heute vielen Kindern. »Unter dem Strich kann man schätzen, dass etwa jedem fünften bis sechsten Kind im Vorlesealter weder von der Mutter noch vom Vater vorgelesen wird« (Ehmig u. Reuter, 2013, S. 27). Haben Sie den Zauber, der von erzählten oder vorgelesenen Geschichten ausgeht, in einer Kindergruppe kennengelernt? Gab es eine gebannte Stille, als eine Erzieherin oder ein Erzieher eine spannende Geschichte erzählte? Erinnern Sie sich an das Lachen bei lustigen Szenen? Der entstehende Kontakt und die emotionale Nähe zwischen der oder dem Vorlesenden und den Kindern bilden eine gute Voraussetzung, um die emotionale Stärkung der Jungen und Mädchen in den Mittelpunkt zu stellen. Auch in der Gemeinsamkeit mit anderen Kindern, z. B. in der Kita oder in der Wohngruppe, kann eine Atmosphäre geschaffen werden, in der sich die jungen Zuhörerinnen und Zuhörer geborgen fühlen.

So kann die im gemeinsamen Lesen von Bilderbüchern entstehende Vertrautheit auch in der Kindergruppe dazu beitragen, dass traumatisierte Mädchen und Jungen ihre Gruppe als sicheren Ort erleben, als einen Raum, in dem das Gefühl von Verbindung und Nähe wieder wachsen kann.

Zur Sprache zurückfinden

Wenn die Beschäftigung mit Geschichten und den dazugehörigen Bildern in einer angenehmen und behüteten Atmosphäre stattfindet, wird dies als Anregung für die kindliche Sprachentwicklung gewertet. Die Jungen und Mädchen »werden in der Situation des Vorlesens förmlich mit Sprache ›überhäuft‹. Gleichzeitig spüren sie in der vertrauten Situation des Vorlesens die Geborgenheit und Sicherheit, um das Bad in Wörtern genießen zu können. Das sind ideale Voraussetzungen für den Spracherwerb« (Albers, 2015, S. 33). Auch die Stiftung Lesen (2017, S. 3) lenkt in ihrer Vorlesestudie von 2017 die Aufmerksamkeit darauf, dass das Vorlesen für Kinder ein hochwirksamer Impuls für die sprachliche Entwicklung ist. Die Vorlesesituation hat hier also zum Ziel, Kinder zu unterstützen, sich in der gesprochenen Sprache zu Hause zu fühlen. Auch wir gehen davon aus, dass das Erzählen, Bilderbetrachten und der Austausch über die gehörte Geschichte ein guter Rahmen für die Sprachentwicklung und -förderung ist.

Die Beschäftigung mit Bilderbüchern birgt darüber hinaus aber noch eine weitere große Chance und diese ist uns besonders wichtig: Sie kann für traumatisierte Mädchen und Jungen die Einladung beinhalten, wieder zur Sprache zurückzufinden. Bilder regen Worte an und lassen neue Worte finden, sodass kaum Sagbares in leisen Tönen Raum finden kann. »Wenn es in einem Bilderbuch um Themen der Kinder geht, entsteht Resonanz zwischen Kind und dem Gehörten und Gesehenen. Man kommt miteinander ins Gespräch« (Alt et al., 2014, S. 6).

An dieser Stelle möchte Tim-Tiger mit uns ins Gespräch kommen. »Ihr habt genügend Allgemeines über Bilderbücher gesagt«, beschwert er sich, »was hat das alles mit dem Bilderbuch zu tun, um das es hier geht?« Also kommen wir zurück zu Kim, Tim-Tiger und dem gefährlichen Etwas.

Und welche Fantasien entstehen durch unsere Geschichte?

Es war ein wunderbarer Tag, als Kim zu seinem geheimen Versteck lief, ein richtiger »Hopplahopp-Kindergarten-Sonnenwettertag«. Unvorhersehbar öffnete sich dort die »Büchse der Pandora«[3] und ein gefährliches Etwas kam hervor. Es überwältigte den Jungen derart, dass er in der darauf folgenden Zeit grundlegend verunsichert war. Es verschlug ihm die Sprache. Wenn es Ihrem Kind oder einem anderen jungen Menschen, den Sie begleiten, ähnlich erging, kann die gemeinsame Beschäftigung mit »Kim, Tim-Tiger und das gefährliche Etwas«

---

3 Diese Redewendung geht auf eine Erzählung der griechischen Mythologie zurück. Die Büchse der Pandora enthielt alles Übel der Welt. Nachdem das Gefäß geöffnet wurde, entwich alles Böse und brachte Unheil über die Menschen.

ein Anlass sein, in geschützter Situation miteinander ins Gespräch zu kommen. Die Geschichte deutet an, was Kim geschehen sein könnte. Sie berichtet allerdings nicht genau darüber. Stattdessen wecken Text und Bild Fantasien. Und diese können individuell und altersmäßig verschieden sein: »Meine Fantasie ist nicht deine Fantasie. Ich höre und sehe etwas, was du wahrscheinlich anders hörst und siehst.« Die Fantasie der begleitenden Erwachsenen und die Fantasie der begleiteten Kinder können sich unterscheiden. Und schon sind wir mitten im Gespräch, zum Beispiel

– über das, was Kim dort im Gebüsch erlebt haben könnte;
– über Träume – gute wie schlechte;
– über das, was Kim geholfen hat und über das, was den zuhörenden Kindern schon einmal geholfen hat, als sie selbst in einer schwierigen Situation waren;
– über Körpererfahrung und Wahrnehmung (z. B. Flashback);
– über neue Erfahrungen (z. B. angenehme Wahrnehmungen);
– über das, was Freude bereitet;
– über das Leben und über …

Das erschreckende Erlebnis von Kim und alles, was dem folgte, entstanden zunächst durch unsere Imagination. Vorgelesen, weckt die Geschichte bei den Zuhörenden individuelle Vorstellungen über das Geschehen. So erging es auch Alice Korotaeva, der Illustratorin. Sie griff den Text auf und ließ eigene innere Bilder entstehen. Das, was sie vor ihrem inneren Auge sah, brachte sie zu Papier, sodass wir jetzt daran teilhaben können. Die entstandenen Zeichnungen und der dazugehörige Text geben nun gemeinsam Impulse für das Sprechen über die Bilder, den Text und über das Erleben der zuhörenden, zuschauenden und mitfühlenden Jungen und Mädchen: Was geschieht da? Was fühlt Kim, was in seinem Umfeld mag zu erschrockenem Erstarren geführt und was zur Beruhigung beigetragen haben? Jüngere Kinder sehen auf Seite 31 des Bilderbuches vielleicht ein Kind, dem sich in einem dunklen Wald eine finstere Figur nähert. Wie unheimlich! Älteren Kindern wird bereits eine Übertragung gelingen: Die Angst hat schlechte Träume geschickt und diese sind im Bild dargestellt. Die von der Illustratorin gewählte symbolische Bildsprache bietet Raum für Interpretationen: Ist die auf dieser Seite

dargestellte Figur eine Hexe[4] und Teil des Traums oder etwa die Angst selbst? »Die Bilder im Bilderbuch vertiefen auf einer eigenen erzählerischen Ebene das Geschehen« (Hering, 2016, S. 45). Bild und Text laden ein, aus Eindeutigem und Mehrdeutigem eigene Geschichten zu machen. Mittels des Erzählens und Sehens kommen wir in Verbindung. Es geht um Verbindung zwischen der erzählenden Person und dem hörenden Kind, aber auch um Verbindung des Kindes zur Geschichte und zu den eigenen Emotionen.

Und schon sind wir mitten im Gespräch

So haben wir es gerade behauptet und gleich auch Themen benannt, die Kinder und Erwachsene dazu anregen könnten, sich ihre Gedanken und Assoziationen gegenseitig mitzuteilen. In einer Veröffentlichung der Stiftung Lesen wird vorgeschlagen, das »Vorlesen als dialogische Situation zu begreifen, in der die Kinder mit den vorlesenden Personen interagieren. […] In diesem Sinne ist der Übergang zwischen Vorlesen und Erzählen fließend« (Ehmig u. Reuter, 2013, S. 6). Aber wie soll das gehen?

Eine gängige Weise, Kindern Geschichten und Bilderbücher nahezubringen, ist dadurch geprägt, dass die Mädchen und Jungen passiv zuhören, während die vorlesende Person aktiv den Text vorträgt und die dazugehörigen Bilder zeigt. Wie haben Sie selbst es als Kind kennengelernt? Wurde vorgelesen, während Sie zuhörten? Konnten Sie Fragen stellen? Durften Sie ihre eigenen Vorstellungen einbringen? Wurden Sie zu neuen Ideen angeregt? Haben Sie sich mit den vorlesenden Erwachsenen auf eine gemeinsame Reise in das weite Land der Fantasie begeben?

Unsere Idee ist, dass mit dem Vorlesen unseres Bilderbuches und dem Betrachten der dazugehörigen Bilder ein Dialog eröffnet wird, ein Hin und Her zwischen der Geschichte, den bildlichen Darstellungen und den eigenen Erfahrungen der Zuhörenden.[5] Kindlichem Denken und Verstehen wird Raum und Zeit gegeben. Die Mädchen und Jungen lassen uns, wenn wir Glück haben, an ihrer Gedanken- und Fantasiewelt teilhaben. Es entsteht ein Austausch zwischen »Ich«, »Du« und »Wir«, über meine, deine und unsere Gedanken, über das, was war, und das, was einmal werden könnte.

Wir geben Impulse. Als Vorlesende oder als Vorlesender könnten Sie z. B. gemeinsam mit den Kindern Vermutungen anstellen: Was mag Kims Mama glauben, warum ihr Sohn nachts schlecht schläft? Vielleicht interessiert auch, wie sich Maxi die Wutausbrüche ihres Freundes erklärt.[6] Im gemeinsamen

---

4 Vielleicht ist es auch eher die Baba Jaga? In vielen russischen Märchen wird sie als alte, dürre Frau beschrieben, die im Dickicht des Waldes lebt und zaubern kann. Sie spielt eine ähnliche Rolle wie die Hexe im deutschen Märchen. Hin und wieder unternimmt die Baba Jaga Ausflüge in einem Mörser. In der Hand hält sie dabei einen Besen, den sie benutzt, um ihre Spuren zu verwischen, sodass niemand weiß, woher sie kommt und wohin sie fliegt (Lippert, 2018).

5 Wenn wir selbst in unserem beruflichen Alltag traumatisierte Kinder begleiten, ist das Konzept »Systemische Traumapädagogik« für unser Handeln orientierend. Kennzeichnend für systemische Praxis ist ein dialogischer Prozess, in den die Beteiligten aktiv einbezogen sind. Auf der Homepage der Systemischen Gesellschaft heißt es dazu: »Zentrales Arbeitsmittel systemischer Praxis ist der öffnende Dialog« (Systemische Methoden; vgl. Jegodtka u. Luitjens, 2016).

6 Es geht bei dieser Art von Fragen (zirkuläre Fragen) nicht darum, herauszufinden, wie etwas genau gewesen ist. Vielmehr stehen die Wahrnehmungen und Perspektiven der beteiligten Menschen im Mittelpunkt des Interesses. Ein zentrales Muster der Konstruktion zirkulärer Fragen ist, dass eine Person über die Sicht von anderen Personen befragt wird. Ausführliche Beschreibungen systemischer Fragetechniken finden Sie im »Lehrbuch der systemischen Therapie und Beratung I – Das Grundlagenwissen« (Schlippe u. Schweitzer, 2012).

Nachdenken können Sie sich als Entwicklungsbegleitende mit den Kindern auf den Weg machen, um neue Ideen und Ressourcen für das Leben zu finden. Solches auf den Dialog ausgerichtete Vorlesen hat den Vorteil, »dass individuell und flexibel auf die Fragen und Interessen der Kinder eingegangen werden kann und die Eigenbeteiligung der Kinder im Vordergrund steht« (Albers, 2015, S. 73).

Einige Jungen und Mädchen werden sich in der Vorlesesituation anregen lassen, Fragen zu stellen, zuzuhören, weiterzufragen und sich einen »Reim auf die Welt« zu machen. Andere Kinder werden eventuell mit eigenen Erfahrungen zum Dialog beitragen. Es könnte aber auch sein, dass die jungen Zuhörerinnen und Zuhörer dieses alles gar nicht so wollen. In den Bann der Geschichte geraten, möchten sie vielleicht Unterbrechungen vermeiden. »Weiter, wie geht es weiter?«, fordern sie die Vorlesenden auf, den Spannungsbogen zu halten. Vielleicht ist vor dem Umblättern einer Seite ein Versuch Ihrerseits angebracht: »Was mögen das für wundersame Dinge sein, die in dem Sack von Yum-Yum verborgen sind?«

Auch das ist nicht erwünscht? Die Jungen und Mädchen wollen nicht reden? Auch gut! Kinder sind unterschiedlich, auch diejenigen, die von einem »gefährlichen Etwas« überwältigt wurden. Einige werden die Einladung, wieder zur Sprache zurückzufinden, spontan aufgreifen. Für andere kann es passender sein, zu einem späteren Zeitpunkt auf den Impuls zurückzukommen, vielleicht in einigen Tagen. Es könnte auch sein, dass Kim, Tim-Tiger oder Yum-Yum in einem Rollenspiel auftauchen oder auf der Zeichnung eines Kindes zu entdecken sind. Die Kinder laden uns so auf ihre Weise ihrerseits zum Dialog ein.

Einige Worte zum Schluss

»Nun ist es an der Zeit, Abschied zu nehmen. Es ist genug gesagt«, meint Tim-Tiger. Wir blicken zurück: Kim wurde von einem gefährlichen Etwas überwältigt. Von einem Moment zum anderen verlor er das Gefühl, sicher in der Welt und geborgen zu sein. Er fühlte sich handlungsunfähig, wie erstarrt, wurde von Erinnerungsbildern überflutet, wütete und war voller Angst.

Und nun? Die traumatische Überwältigung wird Kim in Erinnerung bleiben. Das ist die eine Seite. Dann gibt es aber noch eine andere: Dem Jungen standen vielfältige Ressourcen und Sprachen zur Verfügung, die ihn dabei unterstützten, den Blick auf das Leben zu lenken. Etwas ist dennoch geblieben. Der Luftballon zeigt es uns. Ein paar Tupfer Schwarz und einige Rot erinnern an die Angst und an die Wut. »Die gehören jetzt dazu, nur für den Fall, dass Kim sie mal brauchen kann.« Angst und Wut sind also nicht gänzlich verschwunden.

Das ist gut so. Beides sind Emotionen, die (ebenso wie Glück oder Freude) zum Leben des Menschen gehören. Wir brauchen sie in besonderen Situationen. Sie sollen uns vor Gefahr warnen, uns schützen, uns zur Verteidigung zur Verfügung stehen, wenn es nötig ist. Hinderlich werden sie, wenn sie uns überfluten, wenn wir sie nicht regulieren können.

So erging es Kim. Aber dann trat eine Wendung ein. Mit Unterstützung von Tim-Tiger und Yum-Yum eröffnete sich für ihn ein Raum, in dem Hoffnung und Zuversicht auf Besserung entstehen konnte. Er imaginierte sich als aktiv Handelnden.

Und so kann er sich eine nahe Zukunft vorstellen, in der er wieder selbstwirksam ist. Kim ist zuversichtlich:

»Heute wird ein guter Tag!«

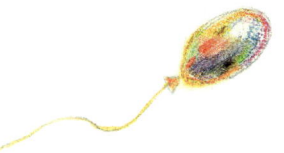

Bücher zum Weiterlesen

Jegodtka, R., Luitjens, P. (2016). Systemische Traumapädagogik. Traumasensible Begleitung und Beratung in psychosozialen Arbeitsfeldern. Göttingen: Vandenhoeck & Ruprecht.

Das Buch ist eine umfassende Einführung in relevantes Theoriewissen und zugleich ein Praxisbuch. Die Autoren vertreten – anders als in herkömmlichen Traumakonzepten – einen pointiert systemischen Ansatz: Niemand wird allein traumatisiert. Die traumatische Erfahrung eines Einzelnen hat grundsätzlich Auswirkungen auf die soziale Umgebung. Hierfür verknüpfen die Autoren systemische Modellannahmen mit dem Wissen der Psychotraumatologie. Ziel ist es, Entwicklungsräume zu schaffen, in denen traumatisierte junge Menschen wieder mit sich und der umgebenden Welt in Verbindung kommen können.

Sriram, R., Becker-Oberender, K. (2015). Yoga für Kinder und Jugendliche. Ausgeglichenheit, Konzentration, Selbständigkeit. Petersberg: Via Nova.

Yoga ist eine wunderbare Möglichkeit, Kinder und Jugendliche an den achtsamen und bewussten Umgang mit ihrem Körper, Atem und Geist heranzuführen. Es eröffnet neue Räume für eine rundum gesunde Entwicklung. Ganz wesentlich, damit junge Menschen den Reichtum des Yoga erfahren können, ist eine an Alter und Entwicklung orientierte Praxisvermittlung. Dieses Buch zeigt mit einmaliger Kompetenz, anschaulich und einfühlsam den überragenden pädagogischen Nutzen der Yogapraxis für alle Lebensaspekte junger Menschen in Schule und Elternhaus.

Levine, P., Kline, M. (2004). Verwundete Kinderseelen heilen. Wie Kinder und Jugendliche traumatische Erlebnisse überwinden können. München: Kösel.

Peter A. Levine und Maggie Kline zeigen, dass Kinder die Fähigkeit haben, belastende Erlebnisse zu verarbeiten, wenn sie von Erwachsenen liebevoll unterstützt werden. Traumatisierte Kinder heilen – das bedeutet, Wunden wie mit einem »Verband« zu versorgen, die von außen niemand sieht. Die Bücher von Peter A. Levine und Maggie Kline zum Thema Trauma sind international anerkannt.

Literatur, aus der zitiert wurde

Albers, T. (2015). Das Bilderbuch-Buch. Sprache, Kreativität und Emotionen in der Kita fördern. Weinheim: Beltz.

Alt, K., Hering, J., Reichmann, J., Witzsche, L. (2014). Mit Bilderbüchern in die Lesewelt. Anregungen zur Sprach- und Erzählförderung in der Kita. 2. Begleitheft zum Programm Bücher-Kita Bremen. www.bildung.bremen.de/sixcms/media.php/13/2.%20Begleitheft%20B%FCcher-Kita.pdf (11.7.2018).

Becker, D. (2005). Auswirkungen organisierter Gewalt. In Medico International (Hrsg.), Im Inneren der Globalisierung (S. 148–161). Frankfurt a. M.: Mabuse.

Ehmig, S. C., Reuter, T. (2013). Vorlesen im Kinderalltag. Bedeutung des Vorlesens für die Entwicklung von Kindern und Jugendlichen und Vorlesepraxis in den Familien. www.stiftunglesen.de/download.php?type=documentpdf&id=951 (11.7.2018).

Fischer, G., Riedesser, P. (1998). Lehrbuch der Psychotraumatologie. München u. Basel: Ernst Reinhardt.

Fooken, I. (2012). Puppen – heimliche Menschenflüsterer. Ihre Wiederentdeckung als Spielzeug und Kulturgut. Göttingen: Vandenhoeck & Ruprecht.

Hering, J. (2016). Kinder brauchen Bilderbücher. Erzählförderung in Kita und Grundschule. Seelze: Friedrich.

Herzog, M. (2015). Lily, Ben und Omid: Drei Kinder machen sich auf den Weg ihren »sicheren Ort« zu finden (Bilderbuch). Oberhof: Top Support.

Holler, A., Götz, M. (2012). Nicht ohne meinen Teddy! Die Gefährten der Kindheit. www.br-online.de/jugend/izi/deutsch/publikation/Puppenstiftung.pdf (11.7.2018).

Huber, M. (2007). Die Phobie vor dem Trauma überwinden. Interview mit Onno van der Hart. Trauma & Gewalt 1 (1), 58–61.

Jegodtka, R., Luitjens, P. (2016). Systemische Traumapädagogik. Traumasensible Begleitung und Beratung in psychosozialen Arbeitsfeldern. Göttingen: Vandenhoeck & Ruprecht.

Korittko, A., Pleyer, K. H. (2014). Traumatischer Stress in der Familie. Systemtherapeutische Lösungswege (4. Aufl.). Göttingen: Vandenhoeck & Ruprecht.

Lackner, R. (2004). Wie Pippa wieder lachen lernte. Fachliche Hilfe für traumatisierte Kinder. Wien: Springer.

Landolt, M. A. (2004). Psychotraumatologie des Kindesalters. Göttingen: Hogrefe.

Levi, P. (1988). Ist das ein Mensch? München u. Wien: Hanser.

Levine, P., Kline, M. (2004). Verwundete Kinderseelen heilen – Wie Kinder und Jugendliche traumatische Erlebnisse überwinden können. München: Kösel.

Lippert, K. (2018). Märchenatlas: Baba Jaga. www.maerchenatlas.de/aus-aller-welt/russische-marchen/baba-jaga/ (11.7.2018).

Malaguzzi, L. (o. J.). Zur Reggio-Pädagogik. www.reggiopaedagogik.eu/index.php/paedagogik/paedagogik (8.1.2018).

Malaguzzi, L. (1985). Die hundert Sprachen. www.paediko.de/kinderbetreuung/paedagogische-arbeit/loris-malaguzzi/ (11.7.2018).

Molcho, S. (2005). Körpersprache der Kinder. Kreuzlingen u. München: Hugendubel.
Neuß, N. (2017). Unsichtbare Freunde: Warum Kinder Fantasiegefährten erfinden. Weinheim u. München: Beltz Juventa.
Reddemann, L. (2001). Imagination als heilsame Kraft. Zur Behandlung von Traumafolgen mit ressourcenorientierten Verfahren. Stuttgart: Klett-Cotta.
Remschmidt, H., Schmidt, M., Poustka, F. (Hrsg.) (2001). Multiaxiales Klassifikationsschema für psychiatrische Erkrankungen im Kindes- und Jugendalter nach ICD-10 der WHO (4. Aufl.). Bern u. a.: Huber.
Schlippe, A. v., Schweitzer, J. (2012). Lehrbuch der systemischen Therapie und Beratung I. Das Grundlagenwissen. Göttingen: Vandenhoeck & Ruprecht.
Sriram, R., Becker-Oberender, K. (2015). Yoga für Kinder und Jugendliche. Ausgeglichenheit, Konzentration, Selbständigkeit. Petersberg: Via Nova.
Steffen, A. (2014). Der Schreck auf der Schaukel: Was das Gehirn beim Trauma macht. Norderstedt: Books on Demand.
Stiftung Lesen (2016). Vorlesestudie 2016: Was wünschen sich Kinder? www.stiftunglesen.de/download.php?type=documentpdf&id=1921 (11.7.2018).
Stiftung Lesen (2017). Vorlesen – aber ab wann? Vorlesestudie 2017. Vorlesen und Erzählen als sprachliche Impulse in den ersten Lebensjahren. www.stiftunglesen.de/download.php?type=documentpdf&id=2128 (11.7.2018).
Systemische Gesellschaft (2018). Systemische Methoden. https://systemische-gesellschaft.de/systemischer-ansatz/methoden/ (11.7.2018).
Terr, L. (1991). Childhood Traumas. An Outline and Overview. American Journal of Psychiatry, 148, 10–20.
Wagner, E. (2010). Welche Theorien braucht die Systemische Therapie? www.systemagazin.de/bibliothek/texte/wagner_welche_theorie.pdf (11.7.2018).

Zu guter Letzt: ein herzliches Dankeschön

Wir blicken zurück. In den vielen Jahren unserer beruflichen Praxis als Pädagogen und als Therapeuten begegneten uns immer wieder Kinder, die ähnlich Überwältigendes erlebten wie Kim. Sie zeigten uns ihre Not, aber auch ihre Energie, mit der sie sich wieder dem Leben zuwandten. Ihnen verdanken wir die Idee zu dem Bilderbuch und so richtet sich unser Dank zuallererst an diese Mädchen und Jungen. Mit ihrer Kreativität und ihrem Willen zum Sein haben sie uns immer wieder beeindruckt.

Auf dem Weg von der Idee zum fertigen Buch haben uns viele Menschen begleitet, bei denen wir uns an dieser Stelle herzlich bedanken möchten:

Da ist Alice Korotaeva, die aus unseren Ideen wunderbare Bilder werden ließ. Wir danken ihr, dass sie sich auf einen Prozess einließ, in dem ihr künstlerischer Ausdruck und unser Text in Einklang gebracht werden konnten.

Ein weiterer Dank gilt denjenigen Kolleginnen und Kollegen, die in Kitas und Wohngruppen die Geschichte zur »Probe« vorgelesen haben. Ihre Rückmeldungen gaben uns wertvolle Hinweise.

Weitere Anregungen erhielten wir von Weiterbildungsteilnehmerinnen und Weiterbildungsteilnehmern, denen wir die Geschichte vorstellten. Auch ihnen ein Danke.

Ganz besonders bedanken wir uns bei dem Verlag Vandenhoeck & Ruprecht. Das Team hat sich auf das Wagnis eingelassen, mit unserem Bilderbuch Neuland zu betreten. Von Günter Presting, Imke Heuer und Ulrike Bade wurden wir in allen Phasen der Entstehung des Buches großartig unterstützt.

Bibliografische Information der Deutschen Nationalbibliothek:
Die Deutsche Nationalbibliothek verzeichnet diese Publikation in der
Deutschen Nationalbibliografie; detaillierte bibliografische Daten sind
im Internet über http://dnb.de abrufbar.

© 2018, Vandenhoeck & Ruprecht GmbH & Co. KG, Theaterstraße 13, D-37073 Göttingen
Alle Rechte vorbehalten. Das Werk und seine Teile sind urheberrechtlich
geschützt. Jede Verwertung in anderen als den gesetzlich zugelassenen Fällen
bedarf der vorherigen schriftlichen Einwilligung des Verlages.

Umschlagabbildung: © Alice Korotaeva

Redaktion: Peter Manstein
Satz und Layout: SchwabScantechnik, Göttingen
Druck und Bindung: Beltz Grafische Betriebe, Bad Langensalza
Printed in the EU

Vandenhoeck & Ruprecht Verlage | www.vandenhoeck-ruprecht-verlage.com

ISBN 978-3-525-40515-4